Reinaldo Domingos e Mauricio de Sousa

Turma da Mônica©

Como Cães e Gatos

Participação especial: Nico

Mauricio de Sousa Editora
editora dsop

MÔNICA VOLTOU BRAVA PARA CASA BATENDO A PORTA E BUFANDO, E NEM PERCEBEU QUE UM SENHOR COM CABELO JÁ GRISALHO E SEU NETO ESTAVAM SENTADOS NO SOFÁ DA SALA, CONVERSANDO COM SEU PAI, SEU SOUSA.

– MÔNICA... – SEU SOUSA CHAMOU A ATENÇÃO DA FILHA PARA AS VISITAS.

– NICO! – VOLTOU MÔNICA PARA A SALA E ABRAÇOU O AMIGO. – SEU AMADEU! – E TAMBÉM CUMPRIMENTOU O AVÔ DELE. – PEÇO DESCULPAS, NÃO TINHA VISTO VOCÊS.

– TAMBÉM, NÉ, FILHA! – FALOU O PAI DA MENINA. – ISSO É JEITO DE ENTRAR EM CASA? ACONTECEU ALGUMA COISA?

– É... – TITUBEOU MÔNICA – NÃO FOI NADA IMPORTANTE.

– POR QUE VOCÊ NÃO LEVA O NICO PARA BRINCAR? ELE E O SEU AMADEU VIERAM DO INTERIOR E VÃO PASSAR UNS DIAS AQUI COM A GENTE.

AS CRIANÇAS FORAM ATÉ O QUINTAL, MAS MÔNICA NÃO PARECIA MUITO ANIMADA, E O NICO PERCEBEU ISSO.

– VAMOS BRINCAR DE ESCONDE-ESCONDE?

– PODE SER DEPOIS? – PERGUNTOU A MENINA, SENTANDO NO DEGRAU E JOGANDO UMA PEDRINHA NO CHÃO.

– O QUE QUER FAZER?

– ACHO QUE NADA.

– VAMOS CHAMAR A MAGALI PRA BRINCAR COM A GENTE, ENTÃO?

– DE JEITO NENHUM! – GRITOU MÔNICA. – NUNCA MAIS VOU FALAR COM ELA.

– O QUE ACONTECEU?

– ELA É UMA MAL-EDUCADA! E AINDA FALOU MAL DE MIM E DO MONICÃO. ONDE JÁ SE VIU? CHAMOU O MEU CACHORRO DE VIRA-LATA PULGUENTO!

– MAS VOCÊS SEMPRE FORAM AMIGAS! POR QUE ELA FALOU ISSO?

– EU FUI PASSEAR COM O MONICÃO E APROVEITEI PRA CHAMAR A MAGALI PRA IR COMIGO ATÉ A PRACINHA. QUANDO PASSEI EM FRENTE À CASA DELA E DAQUELE GATO HORROROSO...

– O MINGAU? – INTERROMPEU NICO. – MAS ELE É TÃO BONITINHO!

– ENTÃO... EU ESTAVA ESPERANDO POR ELA QUANDO AQUELE GATO HORROROSO VEIO ME PROVOCAR. O MONICÃO É FORTE, FICOU IRRITADO E ESTOUROU A GUIA PRA CORRER ATRÁS DO MINGAU – EXPLICOU ENQUANTO AFAGAVA O CACHORRO.

– EITA! E AÍ?

– AÍ QUE ELES COMEÇARAM A BRIGAR E EU NÃO SABIA COMO SEPARAR OS DOIS. FOI QUANDO ATIREI O SANSÃO NELES, E QUASE ACERTOU O MINGAU. A MAGALI CHEGOU NESSA HORA E FICOU BRAVA, PORQUE ACHOU QUE EU QUIS ACERTAR O GATO DE PROPÓSITO. ELA NEM OUVIU A MINHA EXPLICAÇÃO.

– MAS VOCÊ CHAMOU O GATO DELA DE HORROROSO?

– CHAMEI! DE HORROROSO E FEDIDO – DISSE MÔNICA, COMEÇANDO A PERCEBER QUE TINHA IDO LONGE DEMAIS.

– E DEPOIS DISSO ELA FALOU QUE O MONICÃO ERA UM VIRA-LATA PULGUENTO?

– FOI...

– ACHO QUE VOCÊ NÃO EXPLICOU COM CALMA O QUE ACONTECEU, NÉ?

– TALVEZ NÃO – SE DEU CONTA MÔNICA. – MAS AGORA NÃO TEM O QUE FAZER. ELA DISSE QUE NÃO QUERIA MAIS SER MINHA AMIGA. QUER DIZER, EU QUE FALEI ISSO, E A MAGALI DISSE QUE NUNCA MAIS IRIA FALAR COMIGO.

VAMOS BRINCAR COM AS SOMBRAS E COM AS CORES?

CIRCULE A SOMBRA DA MÔNICA DE VERMELHO, DA MAGALI DE AMARELO, DO MINGAU DE AZUL E DO MONICÃO DE VERDE.

RESPOSTA: DA ESQUERDA PARA A DIREITA, MAGALI É A PRIMEIRA, DEPOIS VEM MINGAU, MONICÃO E, POR ÚLTIMO, A MÔNICA.

– VOCÊ PODE PEDIR DESCULPAS...

– ELA NÃO VAI ACEITAR.

– SE VOCÊ NÃO TENTAR, NÃO VAI SABER.

– É... QUERIA FAZER ALGO MAIS DO QUE PEDIR DESCULPAS. ACHO QUE FUI UM POUCO BRAVA DEMAIS... NÃO DEVERIA TER JOGADO O SANSÃO NO MINGAU, MAS EU REALMENTE NÃO SABIA COMO SEPARAR OS DOIS!

– NÃO DEVERIA MESMO! JÁ IMAGINOU SE O SANSÃO TIVESSE ACERTADO O GATO? COITADO DO MINGAU. E VOCÊ PODERIA TER ACERTADO O MONICÃO!

MÔNICA FICOU TÃO AFLITA COM A IDEIA QUE DEU UM ABRAÇO EM SEU CACHORRO.

– SABE – CONTINUOU NICO. – ISSO DE FAZER AS PAZES COM A MAGALI... QUE TAL PENSAR NISSO COMO SEU DESEJO, UM SONHO QUE VOCÊ TEM, E FAZER UM PLANEJAMENTO PRA QUE ELE SE TORNE REAL?

– COMO ASSIM?

– OLHA SÓ... MINHA IRMÃ E EU QUERÍAMOS UM CACHORRO, AÍ FIZEMOS UM PLANEJAMENTO PRA ADOTAR UM. VOCÊ JÁ SABE QUAL É SEU SONHO, QUE É FAZER AS PAZES COM A MAGALI. AGORA, SÓ PRECISA DIAGNOSTICAR A SITUAÇÃO, OU SEJA, DESCOBRIR O QUE REALMENTE QUER FAZER E COMO AGIR PRA MUDAR ISSO.

– FAZ SENTIDO. É... EU POSSO IR ATÉ A CASA DELA E PEDIR DESCULPAS.

– OU PODE LIGAR PRA ELA.

– POSSO ESCREVER UM BILHETE EXPLICANDO O QUE ACONTECEU E PEDIR DESCULPAS!

– ISSO PARECE UMA BOA IDEIA. ASSIM ELA CONSEGUE LER COM CALMA E ENTENDER TUDO.

– É! E A CHANCE DA MAGALI ACEITAR É MAIOR! – MÔNICA ESTAVA FICANDO MAIS ANIMADA COM A IDEIA. – E EU... QUERO MOSTRAR PRA MAGALI QUE, MESMO TENDO FALADO MAL DO MINGAU, EU GOSTO DELE.

– HUM, ENTÃO VOCÊ PODERIA ENVIAR O BILHETE PRA MAGALI E MANDAR ALGO PRO GATO. TIPO UM OSSINHO!

– NICO, O MINGAU É UM GATO! NÃO UM CACHORRO.

– EU NÃO ME LEMBRO DE NADA DE QUE GATO GOSTA.

– SEI QUE ELE VIVE ARRANHANDO TUDO NA CASA DA MAGALI: CORTINAS, SOFÁ, SAPATOS...

– DÊ ALGUMA COISA PRA ELE ARRANHAR, ENTÃO.

– NICO! – MÔNICA LEVANTOU MUITO EMPOLGADA. – É ISSO! VOCÊ É UM GÊNIO.

– SOU?

– SIM! VOU DAR UM ARRANHADOR PARA O MINGAU, SABE? AQUELES POSTES PEQUENININHOS QUE OS GATOS ARRANHAM. EXISTEM UNS COM CASINHA, COM ANDARES, SÃO VÁRIOS OS MODELOS. ACHO QUE O MINGAU VAI ADORAR, E EU VOU FICAR FELIZ EM FAZER ALGO POR ELE E PELA MAGALI.

– E ONDE VENDE? A GENTE PODE OLHAR NA INTERNET E PENSAR NO RESTO DO PLANEJAMENTO!

– BOA IDEIA – DISSE MÔNICA.

– JÁ SEI, VAMOS PEDIR PRO MEU VÔ. ELE AJUDA A GENTE A PROCURAR E ENSINA OS PRÓXIMOS PASSOS DO PLANEJAMENTO PRA REALIZAR O SEU DESEJO. É ELE QUE SEMPRE ME EXPLICA ESSAS COISAS.

VAMOS BRINCAR DE PINTAR?

PINTE DE VERMELHO O QUE É DE GATO
E DE AZUL O QUE É DE CACHORRO.

RESPOSTA: VERMELHO - POTINHOS DE RAÇÃO E ÁGUA, RATINHO DE PELÚCIA, ARRANHADOR E CAMINHA DE GATO. AZUL - POTINHOS DE RAÇÃO E ÁGUA, OSSINHO E BOLINHAS, CASINHA E BANHO.

AS CRIANÇAS FORAM CONVERSAR COM O SENHOR AMADEU. O NETO CONTOU QUE MÔNICA TINHA O DESEJO, O SONHO DE FAZER AS PAZES COM A MAGALI E TAMBÉM COM O GATO MINGAU.

– EU EXPLIQUEI A IMPORTÂNCIA DE FAZER O DIAGNÓSTICO, VÔ. AÍ, PENSAMOS NUM BILHETE PRA MAGALI, COM UM PEDIDO DE DESCULPAS DA MÔNICA, E NUM ARRANHADOR PRA GATOS PRO MINGAU.

– MUITO BEM, NICO! – COMEÇOU A EXPLICAR O SEU AMADEU. – DEPOIS DE DIAGNOSTICAR A SITUAÇÃO, A MÔNICA PERCEBEU QUE EXAGEROU AO BRIGAR COM A AMIGA E QUER REVERTER ESSE CENÁRIO. O PASSO SEGUINTE É PENSAR COMO REALIZAR ESSE SONHO NÃO MATERIAL. VAMOS POR ETAPAS? PARA ESCREVER O BILHETE, COMPRAR UM ARRANHADOR E RECUPERAR A AMIZADE É PRECISO:

1. Fazer uma lista do que será necessário e saber quanto vai custar. Essa é a etapa Diagnosticar.
2. Recuperar a amizade, que é um sonho não material, e comprar o arranhador, que é o sonho material. Essa é a etapa Sonhar.
3. Para o sonho material, você precisa saber quanto tem de dinheiro guardado; já para o sonho não material, que é a amizade, você não vai precisar de dinheiro. Essa é a etapa Orçar.
4. Guardar os valores para realizar a compra. Essa é a etapa Poupar.

MÔNICA NÃO PARECIA MUITO ANIMADA. TALVEZ NÃO TIVESSE ENTENDIDO MUITO BEM. O SEU AMADEU PERCEBEU ISSO.

– EU VOU AJUDAR VOCÊS. PRIMEIRO, VAMOS PROCURAR OS TIPOS E PREÇOS DESSES ARRANHADORES. ASSIM, VAMOS SABER QUANTO VAI CUSTAR.

MÔNICA E NICO, COM AJUDA DO SEU AMADEU, ENCONTRARAM VÁRIOS MODELOS DO TIPO DE PRESENTE QUE ELA QUERIA COMPRAR PARA O MINGAU. UM POUCO MAIS TARDE, QUANDO SEU AMADEU JÁ TINHA SAÍDO PARA SUAS REUNIÕES DE TRABALHO, ENQUANTO AS CRIANÇAS CONVERSAVAM SOBRE OS MODELOS, MÔNICA PARECIA AINDA MAIS PREOCUPADA.

– NICO, EU VOU LEVAR MUITO TEMPO PRA JUNTAR TODO O DINHEIRO PRA COMPRAR O PRESENTE. EU QUERIA FAZER AS PAZES LOGO COM A MAGALI. E NÃO FAZ SENTIDO MANDAR O BILHETE AGORA E ENTREGAR O PRESENTE PRO MINGAU MUITO TEMPO DEPOIS.

– É, EU TAMBÉM ESTAVA PENSANDO NISSO. TEMOS QUE ACHAR UM JEITO PARA ESSE DESEJO SE TORNAR REALIDADE LOGO. SE TIVESSE COMO A GENTE FAZER ESSE ARRANHADOR...

– SERÁ QUE NÃO TEM? PORQUE, SE VOCÊ OLHAR BEM, TALVEZ ELES NÃO SEJAM TÃO DIFÍCEIS ASSIM DE FAZER – ARGUMENTOU MÔNICA.

OS DOIS CONVERSARAM COM SEU AMADEU, E ELE PASSOU VÁRIAS IDEIAS QUE PESQUISOU NA INTERNET DE COMO FAZER UM ARRANHADOR PARA GATOS EM CASA.

– E VEJA, MÔNICA, VOCÊ PODE ENCONTRAR TODO O MATERIAL AQUI MESMO.

MÔNICA E NICO, AJUDADOS PELA MÃE DELA, A DONA LUÍSA, ACHARAM TUDO O QUE PRECISARIAM PARA FAZER O PRESENTE PARA O MINGAU ALI MESMO, NA CASA. CORDAS, COLA, GARRAFA PET, TECIDO, UM PEDAÇO DE MADEIRA E ATÉ UM BICHINHO DE PELÚCIA.

– ISSO, MÔNICA, É O PASSO QUE MEU VÔ CHAMA DE POUPAR. VOCÊ ENCONTROU UMA FORMA DE FAZER O PRESENTE DA MAGALI SEM GASTAR DINHEIRO. COM ISSO, ALÉM DE POUPAR RECURSOS, VOCÊ TAMBÉM PODERÁ ADQUIRIR OUTROS SONHOS. POUPAR NÃO É APENAS GUARDAR DINHEIRO, MAS TAMBÉM REAPROVEITAR O QUE TEMOS EM NOSSAS CASAS.

– VAI FICAR LINDO E VOU PODER ENTREGÁ-LO LOGO! – DISSE MÔNICA, TODA ANIMADA.

– AINDA BEM QUE VOCÊ ESTAVA AQUI PRA ME AJUDAR A PENSAR NISSO.

– ENTÃO, PREPARE LOGO O BILHETE PRA ELA!

– VOU FAZER ISSO.

VAMOS BRINCAR DE PEDIR DESCULPAS?

DESENHE OU ESCREVA O PEDIDO DE DESCULPAS
DE MÔNICA PARA MAGALI

RESPOSTA: RESPOSTA PESSOAL.

VAMOS BRINCAR DE CONSTRUIR?

MÔNICA FEZ UM BILHETE BEM BONITO EXPLICANDO O QUE TINHA ACONTECIDO. E, DEPOIS QUE O SEU AMADEU CHEGOU, OS TRÊS JUNTARAM TODOS OS OBJETOS E FIZERAM O ARRANHADOR PARA O MINGAU. FAÇA COMO A MÔNICA E O NICO E MONTE NA PÁGINA UM ARRANHADOR PERSONALIZADO COM OS MATERIAIS QUE TIVER À DISPOSIÇÃO, COMO PAPÉIS, CANETINHA, BARBANTE ETC.

RESPOSTA: RESPOSTA PESSOAL.

NO DIA SEGUINTE, MÔNICA QUERIA A OPINIÃO DO AMIGO.

– E AGORA? QUAL É O PRÓXIMO PASSO, NICO?

– ACHO QUE PODEMOS DEIXAR O BILHETE NA CASA DA MAGALI E, DEPOIS DE UM TEMPINHO, VOCÊ LEVA O PRESENTE PRO MINGAU.

– MAS COMO EU VOU SABER SE ELA LEU?

– JÁ SEI! VAMOS INDO, EU TIVE UMA IDEIA.

OS DOIS SAÍRAM EM DIREÇÃO À CASA DA MAGALI, LEVANDO O BILHETE E O PRESENTE. UM POUCO ANTES DE CHEGAREM LÁ, NICO PAROU.

– TÁ, AGORA VOCÊ ME ESPERA AQUI. EU VOU LÁ ENTREGAR O BILHETE PRA ELA, ESPERO ELA LER E VOLTO AQUI COM A RESPOSTA.

– NICO... E SE ELA NÃO ACEITAR?

NICO PERCEBEU QUE MÔNICA ESTAVA REALMENTE PREOCUPADA COM A REAÇÃO DA MELHOR AMIGA.

– AÍ, A GENTE PENSA EM OUTRO PLANO.

OS MINUTOS QUE NICO LEVOU PARA IR ATÉ A CASA DA MAGALI, ENTREGAR O BILHETE E VOLTAR COM A RESPOSTA PARECERAM HORAS PARA MÔNICA. ELA VIU O AMIGO SE APROXIMANDO CABISBAIXO E FOI FICANDO CADA VEZ MAIS ANSIOSA.

– AH, NÃO! ELA NÃO ACEITOU, NÉ? EU SABIA! NÃO DISSE QUE ELA NUNCA MAIS FALARIA COMIGO, NICO?

NICO, QUE ESTAVA COM O SEMBLANTE TRISTE, DEU UMA GRANDE RISADA.

– A MAGALI ACEITOU! FICOU SUPERFELIZ COM O BILHETE! EU ESTAVA ENGANANDO VOCÊ, MÔNICA!

NICO ENTREGOU UM PEDAÇO DE PAPEL PARA MÔNICA. NELE HAVIA O DESENHO DE UM CORAÇÃO. MÔNICA ABRAÇOU O BILHETE DE MAGALI E, COM A AJUDA DE NICO, LEVOU O ARRANHADOR ATÉ A PORTA DA CASA DA AMIGA.

– MAGALI! – GRITOU MÔNICA.

MAGALI APARECEU E CORREU PARA ABRAÇAR MÔNICA.

– AH, MAGALI, ME DESCULPE! EU NÃO QUERIA BRIGAR COM VOCÊ.

– E NEM EU COM VOCÊ, MÔNICA. VOCÊ É MINHA MELHOR AMIGA! – MAGALI REPAROU QUE NICO ESTAVA AO LADO DE ALGO GRANDE. – O QUE É ISSO AÍ, NICO?

– É UM ARRANHADOR PRO MINGAU, PRA MOSTRAR QUE EU SÓ FALEI AQUELAS COISAS DA BOCA PRA FORA, PORQUE EU GOSTO MUITO DELE!

– MÔNICA! ELE VAI ADORAR!

OS TRÊS LEVARAM O ARRANHADOR PARA DENTRO DA CASA DA MAGALI. MINGAU ENTROU NA SALA, DEU UMA VOLTINHA EM TORNO DO BRINQUEDO, PULOU NO PRIMEIRO ANDAR E COMEÇOU, MUITO FELIZ, A ARRANHAR O POSTE.

– PARECE QUE ELE GOSTOU – FALOU NICO.

– ELE ADOROU! – COMENTOU MAGALI. – E SABE QUEM MAIS VAI GOSTAR DISSO? MEUS PAIS! QUEM SABE ASSIM O MINGAU PARE DE ESTRAGAR OS MÓVEIS!

OS TRÊS RIRAM MUITO E SE DIVERTIRAM AO OBSERVAR MINGAU BRINCANDO.

– MAS SABE, MÔNICA, MELHOR QUE O PRESENTE PRO MINGAU FOI TER VOCÊ DE VOLTA! – MAGALI E MÔNICA SE ABRAÇARAM.

– TEMOS QUE AGRADECER AO NICO, QUE ME AJUDOU A PENSAR EM TUDO!

MAGALI DEU UM ABRAÇO NO NICO, QUE, TÍMIDO COMO ERA, FICOU VERMELHO DE VERGONHA.

– AGORA A GENTE PODE APROVEITAR OS ÚLTIMOS DIAS DE VISITA DO NICO E BRINCAR, O QUE ACHAM?

– VAMOS! – FALARAM NICO E MAGALI JUNTOS.

OS TRÊS FORAM DIRETO PARA A PRACINHA, E MÔNICA E MAGALI ESTAVAM MAIS FELIZES DO QUE NUNCA POR TEREM RECUPERADO A AMIZADE QUE SEMPRE AS UNIU.

Dados Internacionais De Catalogação Na Publicação (CIP)
(Câmara Brasileira Do Livro, SP, Brasil)

Domingos, Reinaldo
Como cães e gatos / Reinaldo Domingos;
ilustrador Mauricio de Sousa. -- 1. ed. --
São Paulo: Editora DSOP, 2017.

ISBN 978-85-8276-297-4

1. Finanças - Literatura infantojuvenil
I. Sousa, Mauricio de. II. Título.

17-03660 CDD-028.5

Índices para catálogo sistemático:
1. Educação financeira: Literatura infantil 028.5
2. Educação financeira: Literatura infantojuvenil 028.5

Presidente
Reinaldo Domingos

Diretora pedagógica
Ana Rosa Orellana Vilches Soprani

Editora de arte
Christine Baptista

Preparadora de texto
Renata de Sá

Roteirista e redatora
Daniela Nascimento

Revisor
Andrei Sant'Anna

Av. Paulista, 726 – Cj. 1210 – Bela Vista
CEP: 01310-910 – São Paulo – SP
Tel.: 11 3177-7800

Estúdios Mauricio de Sousa

Presidente: Mauricio de Sousa

Diretoria: Alice Keico Takeda, Mauro Takeda
e Sousa, Mônica S. e Sousa

Mauricio de Sousa é membro
da Academia Paulista de Letras (APL)

Diretora Executiva
Alice Keico Takeda

Direção de Arte
Wagner Bonilla

Diretor de Licenciamento
Rodrigo Paiva

Coordenadora Comercial Editorial
Tatiane Comlosi

Analista Comercial
Alexandra Paulista

Editor
Sidney Gusman

Layout
Robson Barreto de Lacerda

Revisão
Ivana Mello

Editor de Arte
Mauro Souza

Coordenação de Arte
Irene Dellega, Maria A. Rabello, Nilza Faustino

Produtora Editorial Jr.
Regiane Moreira

Desenho
Emy T. Y. Acosta

Arte-final
Clarisse Hirabayashi, Juliana Mendes,
Marcos Paulo Da Silva, Romeu T. Furusawa

Cor
Giba Valadares, Kaio Bruder,
Marcelo Conquista, Mauro Souza

Designer Gráfico e Diagramação
Estúdio Mauricio de Sousa

Supervisão de Conteúdo
Marina Takeda e Sousa

Supervisão Geral
Mauricio de Sousa

Condomínio E-Business Park
Rua Werner Von Siemens, 111 - Prédio 19 - Espaço 01
Lapa de Baixo - São Paulo/SP - CEP: 05069-010
TEL.: +55 11 3613-5000